BEI GRIN MACHT SICH IHR WISSEN BEZAHLT

- Wir veröffentlichen Ihre Hausarbeit,
  Bachelor- und Masterarbeit

- Ihr eigenes eBook und Buch -
  weltweit in allen wichtigen Shops

- Verdienen Sie an jedem Verkauf

Jetzt bei www.GRIN.com hochladen und kostenlos publizieren

Biologische Psychologie. Nervensystem, Hormone und Neurofeedback

Bibliografische Information der Deutschen Nationalbibliothek:

Die Deutsche Nationalbibliothek verzeichnet diese Publikation in der Deutschen Nationalbibliografie; detaillierte bibliografische Daten sind im Internet über http://dnb.d-nb.de abrufbar.

ISBN: 9783389019788
Dieses Buch ist auch als E-Book erhältlich.

Druck und Bindung: Books on Demand GmbH, Norderstedt Germany
Gedruckt auf säurefreiem Papier aus verantwortungsvollen Quellen

Das vorliegende Werk wurde sorgfältig erarbeitet. Dennoch übernehmen Autoren und Verlag für die Richtigkeit von Angaben, Hinweisen, Links und Ratschlägen sowie eventuelle Druckfehler keine Haftung.

Das Buch bei GRIN: https://www.grin.com/document/1471504

Inhaltsverzeichnis

Abkürzungsverzeichnis

ADHS	Aufmerksamkeitsdefizit-Hyperaktivitätsstörungen
ANS	Autonomes Nervensystem
ENS	Enterisches Nervensystem
fMRT	Funktionelle Magnetresonanztomographie
GnRH	Gonadotropin-Releasing-Hormon
HHL	Hypophysenhinterlappen
HVL	Hypophysenvorderlappen
Hz	Hertz
i.d.R.	In der Regel
lat.	lateinisch
NF	Neurofeedback
o.ä.	oder ähnlich
PIF	Prolaktin Inhibiting Factor
PNS	Peripheres Nervensystem
PTBS	Posttraumatische Belastungsstörung
S.	Seite
SNS	Somatisches Nervensystem
T3	Trijodtyronin
T4	Thyroxin
TSH	Thyreoidea-stimulierendes Hormon
VNS	Vegetatives Nervensystem
z. B.	Zum Beispiel
ZNS	Zentrales Nervensystem

1. Teilaufgabe 1

1.1 Das Nervensystem

Das Nervensystem ist ein hoch komplexes Informationsverarbeitungssystem, bestehend aus Millionen von Nervenzellen (Dierlmeier, 2015, S. 12). Dieses System dient dazu, Informationen aus unserer Umwelt aufzunehmen, sie zu verarbeiten und somit unser Verhalten zu beeinflussen. Die wichtigsten Aufgaben des Nervensystems sind dabei, die Wahrnehmung und Speicherung von Informationen, das Setzen von Handlungsimpulsen, die Entwicklung neuer Handlungsmuster, das Vorgeben eines Rhythmus für Leistungs- und Erholungsphasen, sowie die Möglichkeit auf ein Bewusstsein (Bremer, Przyklenk, Siems, 2009, S. 174).

Das Nervensystem besteht aus zwei Teilen, dem zentralen Nervensystem (ZNS) und dem peripheren Nervensystem (PNS). Die beiden Komponenten sind zwar anatomisch voneinander getrennt, allerdings physiologisch miteinander verbunden und aufeinander abgestimmt (Michael-Titus, Revest, Shortland, 2018, S. 2). Das ZNS befindet sich im Schädel und der Wirbelsäule und besteht aus dem Gehirn und Rückenmark. Außerdem zählen der Nervus olfactorius (Hirnnerv I), sowie der Nervus opticus (Hirnnerv II) ebenfalls zum ZNS (Abbruzzese, Ehlert, Kübler, La Marca, 2013, S. 63).

Das PNS befindet sich außerhalb dieser knöchernen Hülle und besteht wiederum aus dem *somatischen* und dem *vegetativen* Nervensystem (Pauli, Pinel, 2012, S. 58), sowie den übrigen Hirnnerven III-VIII (Abbruzzese, Ehlert, Kübler, La Marca, 2013, S. 63). Das gesamte PNS besteht aus Nervenbahnen, die entweder vom Gehirn bzw. ZNS ausgehen, oder Nervenbahnen, die zu ihm hinführen. Diese werden als afferente, oder als efferente Nerven bezeichnet, worauf in den nächsten beiden Abschnitten noch genauer eingegangen wird (Jansen, Streit, 2016, S. 54).

1.2 Das somatische Nervensystem

Das somatische Nervensystem (SNS) nimmt bewusste Informationen, wie Umweltreize oder Reize aus dem Körperinneren, über die Sinnesorgane wahr und kontrolliert die Willkürbewegungen der Skelettmuskulatur. Es wird daher auch als „willkürliches" Nervensystem bezeichnet (Myers, 2014, S. 59). Die dazugehörigen Nervenbahnen verlaufen über das Rückenmark und stehen mit dem Teil der Großhirnrinde in Verbindung, der die Bewegungen des Körpers kontrolliert (Jansen, Streit, 2016, S. 57). Die afferenten Nerven des SNS senden sensorische Signale z. B. von den Augen, der Haut, der Ohren oder der Gelenke zum ZNS. Die efferenten Nerven übertragen wiederum motorische Signale vom ZNS zur Skelettmuskulatur (Pauli, Pinel, 2012, S. 58).

1.3 Das vegetative Nervensystem

Das vegetative oder auch autonome Nervensystem (VNS oder ANS) ist für die Homöostase im Körper zuständig (Golenhofen, 2019, S. 343). Es kontrolliert die Drüsen und Muskeln der inneren Organe, wodurch lebenswichtige Prozesse, wie z. B. Atmung, Stoffwechsel oder Herzschlag, gesteuert werden (Myers, 2014, S. 59). Die Funktionen der inneren Organe werden also eher unbewusst und unwillkürlich gesteuert.

Das VNS besteht ebenfalls aus afferenten und efferenten Nervenbahnen. Die afferenten Nerven senden sensorische Signale von den inneren Organen zum ZNS. Die efferenten Nerven übertragen wiederum motorische Signale vom ZNS zu den inneren Organen (Pauli, Pinel, 2012, S. 58). Das Gehirn steht also in einem ständigen Informationsaustausch mit dem Körper. Durch diese Feedbackschleife gelingt es dem Körper sich dauernd an die Umgebung anzupassen, da Erfahrungen physiologische Zustände steuern können und physiologische Zustände die Fähigkeit beeinflussen, mit Veränderungen umzugehen (Golenhofen, 2019, S. 343).

Das VNS besitzt zwei Arten efferenter Nerven: die sympathischen und die parasympathischen Nerven. Der sogenannte Sympathikus und Parasympathikus agieren ununterbrochen miteinander und sind, bis auf einige Ausnahmen, immer komplementär für die Versorgung aller Organe zuständig. Zusätzlich sind beide mit dem Enterischen- oder auch Darmnervensystem (ENS) verbunden, welches aktuell als eigenständiges, autonomes System gilt und erst relativ wenig erforscht ist (Golenhofen, 2019, S. 343).

Der **Sympathikus** bewirkt, dass der Körper optimal bei erhöhter Anforderung oder Belastung funktioniert, er versetzt den Körper also in Erregung und verbraucht folglich Energie (Myers, 2014, S. 59). Der Sympathikus sorgt für eine Aktivierung des Organismus, also z. B. dafür, dass der Blutdruck, der Blutzuckerspiegel, oder die Körpertemperatur ansteigen, oder dass sich die Pupillen weiten („fight-flight-Reaktion").

Anatomisch betrachtet verläuft das sympathische System entlang der Wirbelsäule, vom Brust- zum Lendenbereich, mit Ausläufern zum Hals- und Kreuzbeinbereich. Es ist über den Hirnstamm und den Hypothalamus mit dem Gehirn verbunden (Golenhofen, 2019, S. 344). Das System besteht aus zweizelligen Neuronenketten. Jeweils ein Neuron liegt dabei innerhalb des ZNS- im Thorakalmark oder Lumbalmark- und wird als präganglionäres Neuron bezeichnet. Ein zweites Neuron liegt jeweils außerhalb des Rückenmarks in einem sogenannten Ganglion und wird folglich als postganglionäres Neuron bezeichnet. Die neben der Wirbelsäule, von der Schädelbasis, bis zum Steißbein verlaufende Ganglienkette, wird auch Grenzstrang, oder *Truncus sympathicus* genannt (Hoyer, Wittchen, 2011, S. 202). Die Axone (Fortsätze, die elektrische Nervenimpulse vom Zellkörper weg leiten) dieser Neuronen verlaufen bis in die glatte Muskulatur aller inneren Organe, die Blutgefäße der Haut, zu Drüsen und zu lymphatischem Gewebe. Entsprechenden Zielorgane oder Zielzellen werden auch Effektoren genannt (Ehlert, 2016, S. 95). Präganglionäre Fasern werden in den Ganglien synaptisch auf postganglionäre Fasern umgeschaltet, bevor sie zu verschiedenen Effektoren ziehen (Hoyer, Wittchen, 2011, S. 202). Der

Überträgerstoff in den präganglionären Axonen ist dabei Acetylcholin. Der Effektor wird anschließend durch den Neurotransmitter Noradrenalin erregt (Ehlert, 2016, S. 95).

Das Nebennierenmark nimmt im sympathischen System eine Sonderstellung ein. Es handelt sich dabei um eine Hormondrüse, die evolutionär aus einem Teil des VNS, aus umgewandelten sympathischen postganglionären Zellen entstanden ist (Ehlert, 2016, S. 96). Präganglionäre Axone aus dem Nebennierenmark stimulieren die Freisetzung von Adrenalin (ca. 80%) und Noradrenalin (ca. 20%) in die Blutbahn (Hoyer, Wittchen, 2011, S. 202). Diese Hormone wirken dann über adrenerge Rezeptoren auf dieselben Effektoren ein, wie die postganglionären sympathischen Fasern.

Das Nebennierenmark ist also bedeutend für die schnelle Bereitstellung von Energie und wird vor allem bei psychischer und physischer Belastung aktiviert (Ehlert, 2016, S. 96).

Eine erhöhte Aktivität im **Parasympathikus** ermöglicht Erholung, Regeneration und Entspannung nach Anspannung in den Zielorganen (Golenhofen, 2019, S. 346). Außerdem werden Funktionen, wie Verdauung oder Reproduktion unterstütz („rest-and-digest-Reaktion"). Einige Beispiele für parasympathische Aktivität sind ein sinkender Puls, verlangsamter Herzschlag oder stimulierter Speichelfluss.

Die präganglionären Neurone entspringen dem Kreuzmark und dem Hirnstamm. Die Ganglien liegen in der Nähe, oder innerhalb der jeweiligen Organe (Hoyer, Wittchen, 2011, S. 202-203), wobei der Parasympathikus keinen Grenzstrang aufweist (Ehlert, 2016, S. 96-97). Die Axone der präganglionären Neurone ziehen in großen Nerven durch den Körper, treffen nahe der Zielorgane auf postganglionäre Neurone, wodurch anschließend entsprechende Effektoren stimuliert werden (Ehlert, 2016, S. 96-97).

Der dominanteste dieser Nerven, ist der zehnte Hirnnerv; der Nervus vagus. Er entspringt dem Hirnstamm und zieht sich durch den ganzen Körper (Golenhofen,

2019, S. 345-346). Er sendet seine Axone in Drüsen und Organe des gesamten Brust- und oberen Bauchraums (Lunge, Herz, Leber, Magen, Dünndarm und Bauchspeicheldrüse). Neben dem Nervus splanchnicus pelvinus (Eingeweidennerv), welcher die unteren Beckenorgane erregt, gibt es außerdem weitere Hirnnerven, die die Augenmuskeln und Drüsen des Kopfbereiches stimulieren (Ehlert, 2016, S. 96-97). Die Signalübertragung erfolgt sowohl im Effektor als auch im Ganglion durch den Neurotransmitter Acetylcholin.

Der Sympathikus und Parasympathikus innervieren dieselben Organe. Ausschließlich das Nebennierenmark, die glatte Gefäßmuskulatur der Arterien und Venen, sowie die Schweißdrüsen werden nicht durch Parasympathikus, sondern nur durch Sympathikus stimuliert (Hoyer, Wittchen, 2011, S. 202-203). Die beiden Systeme arbeiten i.d.R. Hand in Hand in einem funktionellen Synergismus zusammen (Birbaumer, Schmidt, 2010, S. 107) und ermöglichen dadurch eine optimale Anpassung der Organe an verschiedenste Anforderungen (Ehlert, 2016, S. 96-97).

1.4 Unterschiede zwischen den Nervensystemen

Eine klare Abgrenzung zwischen SNS und VNS ist sehr schwer und lediglich physiologisch möglich. Das somatische Nervensystem verbindet die Sinnesorgane und Muskulatur mit dem ZNS und ist folglich für die bewusste Aufnahme von Informationen aus der Umwelt zuständig. Dadurch werden bewusst ablaufende Körperfunktionen, wie z. B. der Bewegungsapparat gesteuert. Das vegetative Nervensystem hingegen verbindet die inneren Organe mit dem ZNS und steuert dabei unbewusst ablaufende Körperfunktionen, wie beispielsweise die Atmung (Abbruzzese, Ehlert, Kübler, La Marca, 2013, S. 83). Jedoch gibt es auch einzelne Elemente des SNS, die unwillkürlich vom Gehirn gesteuert werden, wie z. B. motorische Reflexe.

Jedes Nervensystem interagiert oder reagiert durch elektrische Impulse- welche Reaktion allerdings dabei vom Körper hervorgerufen wird, hängt ganz davon ab, welche Nerven beteiligt sind und welche Neurotransmitter an den Synapsen ausgeschüttet werden.

2. Teilaufgabe 2

2.1 Die Hypophyse

Das Nervensystem ist mit einem weiteren Kommunikationssystem verbunden: dem endokrinen System. Es setzt sich zusammen aus allen hormonproduzierenden Drüsen, den Regelkreisläufen zwischen den Hormonen, sowie den Hormonen selbst. Diese sogenannten Botenstoffe werden i.d.R. über die Blutbahn in die verschiedenen Körperregionen transportiert und beeinflussen jede Körperfunktion, wie z. B. den Stoffwechsel, das Gehirn, die Stimmung, oder das Verhalten (Abbruzzese, Ehlert, Kübler, La Marca, 2013, S. 117-119). Die Übermittlung der Hormone vom Bildungsort bis zum Zielgewebe erfolgt- im Gegensatz zur Informationsübertragung im Nervensystem- vergleichsweise langsam, dafür halten die Auswirkungen der endokrinen Botschaften meist länger an (Myers, 2014, S. 63).

Die **Hypophyse**, oder Hirnhangdrüse, ist die Schnittstelle zwischen dem endokrinen System und dem Nervensystem. Diese erbsengroße Struktur hat den größten Einfluss auf das endokrine System und liegt an der Unterseite des Gehirns, in einer Vertiefung des Schädelknochens. Sie ist über den Hypophysenstiel mit dem Hypothalamus (Zwischenhirn) verbunden, über welchen sie gesteuert wird (Myers, 2014, S. 63).
Die Hypophyse wird unterteilt in den Vorderlappen (Adenohypophyse, oder HVL), eine endokrine Drüse und den Hinterlappen (Neurohypophyse, oder HHL), einen Teil des Hypothalamus (Rockstroh, 2011, S. 36).

In der Adenohypophyse werden sechs lebenswichtige Hormone gebildet und gespeichert. Darunter vier glandotrope Hormone, deren Zielorgan jeweils eine Drüse ist, sowie zwei nicht-glandotrope (auch Effektor-) Hormone, die auf andere Organsysteme bzw. den gesamten Organismus wirken (Birbaumer, Schmidt,

2010, S. 126-127). Die Bildung von glandotropen Hormonen im HVL wird durch sogenannte Liberine (Releasing-Hormone) stimuliert. Die Bildung von nicht-glandotropen Hormonen wird hingegen durch Statine (Inhibiting-Hormone) gehemmt. Diese beiden Botenstoffe entstehen jeweils im Hypothalamus und gelangen über zwei hintereinander geschaltete Gefäßsysteme in die Adenohypophyse (Hein, Lüllmann, Mohr, 2014, S. 236).

Die beiden Hormone Vasopressin und Oxytocin werden zwar im Hypothalamus gebildet, allerdings in der Neurohypophyse gespeichert und freigesetzt, weshalb sie ebenfalls zu den hypophysären Hormonen zählen (Birbaumer, Schmidt, 2010, S. 126-127). In den weiterführenden Kapiteln werden vier der hypophysären Hormone ausführlicher beschrieben.

2.2 Oxytocin

Oxytocin wird hauptsächlich im Nucleus paraventricularis und in geringen Mengen auch im Nucleus supraopticus gebildet. Beides sind Teile des Hypothalamus. Das Hormon gelangt über axonalen Transport in den HHL und wird dort gespeichert und bei Bedarf freigesetzt (Michael-Titus, Revest, Shortland, 2018, S. 20). Oxytocin beeinflusst den Körper auf drei verschiedene Arten. Es wird über den HHL in Blutgefäße ausgeschüttet und gelangt dadurch direkt in den Blutkreislauf. Dies hat sogenannte hormonelle Effekte zur Folge.

Im Gehirn selbst agiert Oxytocin als Neurotransmitter. Oxytocin produzierende Nervenzellen bilden ein Netz von Nervenverbindungen auf ihrem Weg in zahlreiche regulatorische Hirnareale und koordinieren darüber verschiedene Funktionen (Jansen, Streit, 2016, S. 81-82).

Des weiteren werden auch große Mengen Oxytocin direkt aus den Oxytocin produzierenden Zellkörpern und ihren Dendriten in das umgebende Gewebe freigesetzt (Diffusion). Durch einen sogenannten neuromodulatorischen Effekt, kann das Hormon somit die Funktion anderer Nervenzellen beeinflussen, ohne dass diese Kontakt zu den Oxytocin produzierenden Nervenzellen haben (Jansen, Streit, 2016, S. 83).

Die Oxytocinausschüttung wird beispielsweise durch den Saugreiz und die Dilatation der Milchgänge aktiviert (Aktories, Förstermann, Hofmann, Starke, 2017, S. 586), was eine wichtige Rolle bei der Auslösung des Milchejektionsreflexes nach der Geburt spielt (Birbaumer, Schmidt, 2010, S. 128). Auch die Stimulation der Zervix und die Dilatation der Vagina, durch Koitus oder Geburt, sind ein Grund für die Ausschüttung von Oxytocin (Aktories, Förstermann, Hofmann, Starke, 2017, S. 586). Es ist außerdem an der Einleitung von Wehentätigkeit beteiligt (Birbaumer, Schmidt, 2010, S. 128) und beeinflusst soziale Bindungen, Wohlbefinden, Ruhe, Schmerzempfindlichkeit, Puls, Blutdruck, den Spiegel von Stresshormonen und die Aktivität des Magen-Darm-Trakts (Jansen, Streit, 2016, S. 96).

2.3 Prolaktin

Prolaktin wird von den laktotropen Zellen des HVL gebildet und ausgeschüttet. Es untersteht einer dauerhaften Hemmung durch den im Hypothalamus gebildeten Prolaktin Inhibiting Factor (PIF), auch Prolaktostatin genannt (Stauber, Weyerstahl, 2013, S. 92). Dieses Inhibiting-Hormon ist chemisch identisch zu Dopamin, was aus klinischer Sicht eine wichtige Rolle spielt, da es zahlreiche Medikamente gibt, die die Prolaktinausschüttung hemmen aber auch stimulieren können (Birbaumer, Schmidt, 2010, S. 129).

Während der Schwangerschaft und Stillzeit liegt eine Erhöhte Prolaktinkonzentration bei Frauen vor. Das Hormon hat eine direkte Wirkung auf die Brustdrüse, die Milchproduktion wird stimuliert (Stauber, Weyerstahl, 2013, S. 93) und es trägt zur Unterdrückung des Eisprungs während der Stillzeit bei. Außerdem erhöht sich die Anzahl und Größe laktotroper Zellen während der Schwangerschaft, was zu temporären Einschränkungen der Sehfähigkeit führen kann.

Auch beim Mann sind deutliche Prolaktin Konzentrationen im Blut nachweisbar, allerdings liegt hier, laut aktuellem Forschungsstand, keine erkennbare physiologische Bedeutung vor (Graeve, Heinrich, Müller, 2014, S. 531).

2.4 Thyreotropin

Die Schilddrüse (lat. Thyreoidea) wird durch das glandotrope Hormon Thyreotropin, kurz TSH (Thyreoidea-stimulierendes Hormon) beeinflusst. Die Ausschüttung von TSH wird durch das Thyreotropin-Releasing-Hormon (TRH) stimuliert. Dieses Peptidhormon wird von hypothalamischen Neuronen gebildet und in das portale Gefäßsystem ausgeschüttet. Anschließend gelangt es an die TSH-produzierenden Zellen in der Hypophyse und regt die Ausschüttung von Thyreotropin an (Schmidt, Thews, 1993, S. 399).

Die Schilddrüse wird durch das TSH zu einer vermehrten Synthese und Ausschüttung der Schilddrüsenhormone Thyroxin (T4) und Trijodtyronin (T3), sowie zur Iodaufnahme stimuliert (Aktories, Förstermann, Hofmann, Starke, 2017, S. 580). T3 und T4 haben dabei eine negative Feedback-Wirkung auf den Hypothalamus und die Hypophyse (Schmidt, Thews, 1993, S. 404). Im Hypothalamus wird über die Zellen des paraventrikulären Nukleus Schilddrüsenhormon registriert, fällt dieser Wert ab, wird TRH in das hypophysäre System abgegeben, worüber thyreotrope Zellen des HVL zur Ausschüttung von TSH angeregt werden. Der daraus resultierende systemische Anstieg von TSH hat eine Freisetzung von T3 und T4 in der Schilddrüse zur Folge, was wiederum durch den Rückkopplungsmechanismus die Sekretion von TRH und TSH hemmt. Dies bewirkt eine weitestgehend konstante Konzentration der Schilddrüsenhormone im Körper (Fischmann, 2005, S. 7-10).

Die TSH-Sekretion ist folglich sehr gering, wenn die Konzentration der Schilddrüsenhormone im Blut hoch ist. Umgekehrt ist die TSH-Sekretion hoch, wenn der Schilddrüsenhormonspiegel im Blut niedrig ist (Schmidt, Thews, 1993, S. 404).

2.5 Luteinisierendes & Follikelstimulierendes Hormon

Zwei weitere glandotrope Hormone der Hypophyse sind: Luteinisierendes Hormon (LH) und Follikelstimulierendes Hormon (FSH). Diese werden auch als gonadotrope Hormone bezeichnet, da sie auf die Gonaden, also auf die Hoden bzw. Ovarien, wirken. Die Hormone kommen sowohl im weiblichen als auch im männlichen Körper mit identischer Struktur vor (Spornitz, 2002, S. 504) und steuern bedeutend die Sexualfunktionen (Schandry, 2011, S. 186). Sie bewirken bei beiden Geschlechtern die Produktion und Ausschüttung der Sexualhormone in den Gonaden (Schmidt, Thews, 1993, S. 821-822). Bei Frauen stimuliert LH die Ovulation und die Gestagenausschüttung. Außerdem führt es nach dem Eisprung im zurückbleibenden Teil des Follikels zur Ausbildung eines Gelbkörpers, und damit zur Synthese des Gelbkörperhormons Progesteron. FSH dagegen bewirkt das Follikelwachstum im Ovar und regt die Östrogenproduktion an (Spornitz, 2002, S. 504).

Bei Männern regt LH die Bildung von Androgenen in den Hoden an (Schmidt, Thews, 1993, S. 821-822). FSH stimuliert dagegen die Entwicklung der Hodenkanälchen und die Spermatogenese (Spornitz, 2002, S. 504). Zusätzlich bewirkt FSH bei beiden Geschlechtern, die Sekretion von Inhibinen in den Gonaden (Amboss, 2020).

Die Ausschüttung von LH und FSH wird durch das hypothalamische Peptid Gonadotropin-Releasing-Hormon (GnRH), auch Gonadoliberin genannt, reguliert (Leidenberger, Strowitzki, Ortmann, 2009, S. 207). Bei geschlechtsreifen Personen werden GnRH-Neurone phasenweise synchronisiert freigesetzt und in das portale Gefäßsystem abgegeben. Dieser synchrone Vorgang ist essentiell für eine normale hypophysäre Sekretion der beiden Gonadotropine (Schmidt, Thews, 1993, S. 821-822). Die Sexualhormone (Östrogen und Progesteron) hemmen anschließend über einen Rückkopplungsmechanismus die Ausschüttung von GnRH, LH und FSH. Zusätzlich hemmen auch die Inhibine in den Gonaden nach ihrer Freisetzung die FSH Sekretion (Schandry, 2011, S. 187).

3. Teilaufgabe 3

3.1 Neurofeedback

Neurofeedback ist eine spezielle Anwendung des Biofeedbacks, die zur gezielten Kontrolle biologischer Signale des menschlichen Körpers befähigen soll (Margraf, Schneider, 2009, S. 422).

Bei Biofeedbackverfahren wird die Aktivität der Organe (oder anderer somatischer Funktionssysteme) mit technischen Hilfsmitteln gemessen, für die äußere Wahrnehmung zugänglich und somit steuerbar gemacht (Ehlert, 2016, S. 1069). Eine Messgröße, wie z. B. Blutdruck, Hautleitwert oder Muskelentspannung, erzeugt dabei eine unmittelbare akustische oder visuelle Rückmeldung. Positive Veränderungen der Körperfunktionen werden verstärkt, wodurch der Patient Veränderung und/ oder Kontrolle über seine Körperfunktionen erlernen kann. Das Ziel dieses Verfahrens ist es, neben der Selbstregulationsfähigkeit auch eine verbesserte Selbstwahrnehmung, sowie mehr Kontrolle über körperliche Vorgänge zu erlangen (Margraf, Schneider, 2009, S. 422). Es geht beispielsweise um eine frühzeitige Wahrnehmung von Angstzuständen, oder Muskelverspannungen bei chronischen Schmerzen. Außerdem sollen Zusammenhänge von Stress, körperlicher Aktivierung und Verstärkung der Symptome erlernt werden (Schmid, 2016, S. 351).

Bei Neurofeedback werden hirnphysiologische Prozesse durch Ableitung der Hirnstromaktivität mit dem Elektroenzephalogramm (EEG), der Magnetenzephalographie, Magnetresonanztomographie (fMRT) oder Nahinfrarot-spektroskopie gemessen. Mit Hilfe von Rückmeldung und Belohnung wird dabei die Selbstregulation der Hirnaktivität erlernt. Der Patient erhält somit Informationen über Prozesse in seinem Hirn, die seiner Aufmerksamkeit und Steuerung sonst nicht zugänglich sind (Margraf, Schneider, 2009, S. 52). Obwohl das Neurofeedback allerdings mit unterschiedlichen Methoden durchgeführt werden kann, hat derzeit das EEG die größte Bedeutung in der klinischen Praxis (Enriquez-Geppert, 2019, S. 186).

Die Basis neuronaler Aktivität bilden elektrochemische Vorgänge und die sich daraus ergebenden Membranpotentiale (elektrische Spannungen). Das Resultat dieser Membranpotentiale ist das EEG, also die Aufzeichnung hirnelektrischer Vorgänge an der Schädeloberfläche (Schandry, 2011, S. 518). Es wird dabei zwischen Spontanaktivität und ereigniskorrelierter Aktivität unterschieden. Die Spontanaktivität ist als ununterbrochene Spannungsschwankung zu registrieren. Der Wachzustand eines Menschen wird durch Alphawellen gekennzeichnet, die ein Frequenz von 8-13 Hz haben. Zusätzlich zeigt das EEG einer wachen Person immer auch Betawellen an, die in einem Frequenzbereich von 14-30 Hz liegen.

In den Tiefschlafphasen eines gesunden Erwachsenen lassen sich Deltawellen von 0,5-3 Hz messen und in einem Zustand, wie Einschlafen, Dösen oder Meditation, werden Thetawellen von 4-7 Hz registriert. Zuletzt lässt sich in einem Frequenzbereich von 31-60 Hz Aktivität im sogenannten Gammaband feststellen. Nach heutigem Forschungsstand dürfte dies ein Resultat aus dem Zusammenspiel verschiedener Neuronengruppen sein, die räumlich betrachtet weit auseinander liegen.

Die ereigniskorrelierte Aktivität, tritt dagegen nur im Zusammenhang mit motorischer Aktivität, Reizen oder Handlungsintentionen auf (Schandry, 2011, S. 523).

Bei Neurofeedback mit einem EEG als gewählte Methode, werden dem Patienten Elektroden, die üblicherweise in eine Haube integriert sind, aufgesetzt und nach einem vorgegebenen System auf dessen Kopf platziert. Diese Elektroden erfassen anschließend Signale, die über einen Verstärker an einen Computer gesendet werden. Hier werden die Werte mit einem vorgegebenen Richtwert abgeglichen und dem Patienten in Echtzeit zurückgemeldet.

Während der Sitzung hat der Patient die Aufgabe, ein Objekt auf einem Bildschirm in eine vorgegebene Richtung zu „bewegen" (z. B. nach oben = aktivieren; nach unten = deaktivieren). Dabei gibt es zwei Verfahren, zum einen das SCP- und zum anderen das Frequenzbandtraining, welche sich ausschließlich durch die Darstellung auf dem Bildschirm unterscheiden.

Dem Patienten stehen während des Trainings keine Hilfsmittel, wie Joystick, Tastatur o.ä. zu Verfügung, das Objekt muss ausschließlich durch eine „Korrektur" der Hirnströme gesteuert werden. Eine Veränderung in die gewünschte Richtung wirkt folglich positiv verstärkend, und soll eine Konditionierung des Hirns des Patienten nach sich ziehen. Zusätzlich ist es möglich, bei Erfolg Tokens zu sammeln, die später gegen eine Belohnung eingetauscht werden können (Margraf, Schneider, 2009, S. 1940).

Eine Sitzung besteht i.d.R. aus einer Vielzahl von Durchgängen und das Training umfasst insgesamt etwa 30 Sitzungen (Margraf, Schneider, 2009, S. 422).

Dieses Lernen am Erfolg, einzig durch die Rückmeldung körpereigener Signale, führt dazu, dass sich Probanden antrainieren können, entsprechende Körperfunktionen zu beeinflussen (Margraf, Schneider, 2009, S. 1940). Die beiden wichtigsten Wirkprinzipien von NF, basierend auf der Rückmeldeschleife, sind somit die operante und klassische Konditionierung (Enriquez-Geppert, 2019, S. 187). Allerdings ist anzumerken, dass das Training insgesamt sehr aufwendig ist und eine hohe Motivation und aktive Mitwirkung seitens der Patienten voraussetzt (Margraf, Schneider, 2009, S. 52).

3.2 Anwendungsmöglichkeiten des Neurofeedback

Aktuell wird das NF als therapeutisches Verfahren bei Patienten, als Training zur Leistungsoptimierung gesunder Personen, sowie als experimentelle Methode zur Untersuchung eines möglichen kausalen Zusammenhangs eines neuronalen Merkmals und einer kognitiven Funktion genutzt (Enriquez-Geppert, 2019, S. 187). Es wurde ursprünglich allerdings bekannt für die Behandlung von Epilepsien, die mit den üblichen Mitteln nicht therapierbar waren.

Später kam dann die Anwendung für die Aufmerksamkeitsdefizit-/Hyperaktivitätsstörung (ADHS) hinzu (Margraf, Schneider, 2009, S. 1938).

Für die Behandlung von ADHS bei Kindern wird das Verfahren am häufigsten eingesetzt, deshalb stellt dies auch den besterforschten Anwendungsbereich von NF beim Menschen dar.

Die EEG-Muster von Kindern mit und ohne ADHS weichen häufig deutlich voneinander ab. Oft lässt sich bei Kindern mit ADHS im Ruhezustand zu viel Theta-Aktivität aufweisen, während schnellere Frequenzen, wie z. B. Beta, reduziert sind. Ein sehr gängiges NF-Protokoll zur Behandlung ist in diesem Fall ein sogenanntes Theta/ Beta Protokoll. Hierbei sollen Kinder lernen, die Theta-Frequenzen zu reduzieren und die Beta-Frequenzen zu erhöhen (Kober, Wood, 2020).

Neben ADHS gibt es allerdings noch unzählige weitere klinische sowie nicht-klinische Anwendungsgebiete, für die NF genutzt werden kann. Darunter die Behandlung von Autismus (Sinzig, 2011, S. 92-93), Burnout und bipolaren Störungen (Evans, 2007, S. 347-359), Angststörungen, Zwangsstörungen, Ess-Störungen, Posttraumatischer Belastungsstörung (PTBS) oder Migräne (Segler, Wiedemann, 2017).
Außerdem wurde laut Reckenfelderbäumer (2019, S. 18-19) Real-time-fMRT NF bereits in mehreren Studien bei Patienten mit chronischen Schmerzen, chronischem Tinnitus, Parkinson, Depressionen, Schlaganfällen, Schizophrenie, oder Sucht-Erkrankungen eingesetzt.
Außerhalb klinischer Anwendungen kann NF-Training für Leistungen im kognitiven, sportlichen oder künstlerischen Leistungsbereich genutzt werden. Besonders bei den langsamen Wellen des EEG, die zwischen einigen hundert Millisekunden bis hin zu mehreren Sekunden andauern, bietet sich ein Einsatz für die genannten Gebiete an (Margraf, Schneider, 2009, S. 1938).

Es sei allerdings anzumerken, dass konkrete Aussagen zur Wirksamkeit von NF aktuell noch durch methodische Schwächen, wie fehlende geeignete Kontrollgruppen, Randomisierung und angemessenen Stichprobengrößen erschwert werden (Enriquez-Geppert, 2019, S. 189).

Literaturverzeichnis

Abbruzzese, E., Ehlert, U., Kübler, U. & La Marca, R. (2013). Biopsychologie (1. Auflage). Stuttgert: Kohlhammer Verlag.

Aktories, K., Förstermann, U., Hofmann, F. & Starke, K. (2017). Allgemeine und spezielle Pharmakologie und Toxikologie (12. Auflage). München: Elsevier Verlag.

Amboss: Sexualhormone (Geschlechtshormone). (aktualisiert am 24.06.2020). Abgerufen am 31.07.2020, verfügbar unter https://www.amboss.com/de/wissen/Sexualhormone.

Birbaumer, N. & Schmidt, R. F. (2010). Biologische Psychologie (7. Auflage). Heidelberg: Springer Verlag.

Bremer, A., Przyklenk, J. & Siems, W. (2009). Allgemeine Krankheitslehre für Physiotherapeuten. Heidelberg: Springer Verlag.

Dierlmeier, D. (2015). Nervensystem in der Osteopathie: Periphere Nerven, Gehirn- und Rückenmarkshäute, Vegetativum. Stuttgart: Haug Verlag.

Ehlert, U. (2016). Verhaltensmedizin (2. Auflage). Berlin, Heidelberg: Springer Verlag.

Enriquez-Geppert, S. (2019). Neurofeedback aus der Perspektive der Neurowissenschaften. Abgerufen am 02.08.2020, aus: Psychotherapeut, Schwerpunkt: Neurowissenschaftlich fundierte Psychotherapie – Übersichten. Verfügbar unter https://link.springer.com/content/pdf/10.1007/s00278-019-0351-3.pdf.

Evans, J. R. (2007). Handbook of Neurofeedback: Dynamics and Clinical Applications. New York: The Haworth Press.

Fischmann, K.A. (2005). Veränderungen der Schilddrüsenparameter TSH, fT3 und fT4 im Verlauf einer Entgiftungs-/ Entwöhnungstherapie bei Alkoholkranken: Inaugural-Dissertation zur Erlangung des Doktorgrades der Medizin. Tübingen: Medizinischen Fakultät der Eberhard-Karls-Universität.

Golenhofen, P. (2019). Neuroresilienz aus medizinischer Sicht verstehen und messen aus: Resilienz für die VUCA-Welt. Wiesbaden: Springer Verlag.

Graeve, L., Heinrich, P.C. & Müller, M. (2014). Löffler/ Petrides: Biochemie und Pathobiochemie (9. Auflage). Berlin, Heidelberg: Springer Verlag.

Hein, L., Lüllmann, H. & Mohr, K. (2014). Taschenatlas Pharmakologie (7. Auflage). Stuttgart: Thieme Verlag.

Herbert, B. M. (2017). Spezialgebiete der Biologischen Psychologie. Riedlingen: SRH Fernhochschule.

Hoyer, J. & Wittchen, H.-U. (2011). Klinische Psychologie & Psychotherapie (2. Auflage). Berlin, Wiesbaden: Springer Verlag.

Jansen, F. & Streit, U. (2016). Oxytocin, das Hormon der Nähe (1. Auflage). Berlin, Heidelberg: Springer Verlag.

Karim, A. A. (2015). Biologische Psychologie (1. Auflage). Riedlingen: SRH Fernhochschule.

Kober, S. E. & Wood, G. (2020). Hogrefe AG: Lernen und Lernstörungen, 9, S. 187-196. Abgerufen am 02.08.2020, verfügbar unter: https://doi.org/10.1024/2235-0977/a000293.

Leidenberger, F., Strowitzki, T. & Ortmann, O. (2009). Klinische Endokrinologie für Frauenärzte (4. Auflage). Heidelberg: Springer Verlag.

Margraf, J. & Schneider, S. (2009). Lehrbuch der Verhaltenstherapie, Band 3: Störungen im Kindes- und Jugendalter. Heidelberg: Springer Verlag.

Michael-Titus, A. T., Revest, P. & Shortland, P. (2018). Organsysteme verstehen, Nervensystem: Integrative Grundlagen und Fälle (1. Auflage). München: Elsevier.

Myers, D. G. (2014). Psychologie (3. Auflage). Berlin: Springer Verlag.

Pauli, P. & Pinel, J. P. J. (2012). Biopsychologie (8. Auflage). München: Pearson Studium.

Reckenfelderbäumer, A. (2019). Neurofeedback und psychotherapeutische Intervention bei Tabakabhängigkeit: Einfluss des Therapieerfolgs auf die neurobiologischen Korrelate, Dissertation zum Erwerb des Doktorgrades der Medizin. München: Ludwig-Maximilians-Universität.

Rockstroh, S. (2011). Biologische Psychologie. München: Ernst Reinhardt Verlag.

Schandry, R. (2011). Biologische Psychologie (3. Auflage). Weinheim, Basel: Beltz Verlag.

Schmid, N. (2016). Neurofeedback und Biofeedback in der Praxis: Selbstkontrolle von Körper und Gehirnwellen. Psychologie in Österreich, abgerufen am 02.08.2020, verfügbar unter: https://www.schmid-schmid.at/blog/wp-content/uploads/2015/11/Neurofeedback-u.-Biofeedback-in-der-Praxis.pdf.

Schmidt, R.F. & Thews, G. (1993). Physiologie des Menschen (25. Auflage). Berlin, Heidelberg: Springer Verlag.

Segler, K. & Wiedemann, M. (2017). Neurofeedback: Wie eine spielerisch leichte Therapie dem Gehirn hilft, Probleme zu Überwinden. München: Kösel-Verlag.

Sinzig, J. (2011). Frühkindlicher Autismus. Berlin, Heidelberg: Springer Verlag.

Spornitz, U.M. (2002). Anatomie und Physiologie: Lehrbuch und Atlas für Pflege- und Gesundheitsberufe (3. Auflage). Berlin, Heidelberg: Springer Verlag.

Stauber, M. & Weyerstahl, T. (2013). Gynäkologie und Geburtshilfe (4. Auflage). Stuttgart: Thieme Verlag.